Liebe Eltern!

Kinder wollen wissen, was die Welt zusammenhält. Um sich Wissen über die Welt zu verschaffen, brauchen Kinder von Anfang an auch Bücher – Sachbücher.

Viele hervorragende Sachbücher sind für Leseanfänger aber zu schwierig. Gerade weil sich viele Kinder mehr für Sachbücher als für Geschichten interessieren, brauchen sie Sachbücher, die zu ihrer Leseentwicklung und Lesefähigkeit passen.

Wenig Text, eine einfache Sprache, verständliche Begriffe und Erklärungen, anschauliche Fotos, Illustrationen und Grafiken fördern das Leseinteresse und erhalten die Lesemotivation.

So werden Kinder Schritt für Schritt zu selbständigen Lesern.

Prof. Dr. Manfred Wespel,
lesedidaktischer Berater
der arsEdition

Jen Green

Reptilien

arsEdition

Inhalt

Was sind Reptilien?

Ein Reptil ist ein Kriechtier. Reptilien leben seit Millionen von Jahren auf der Erde, viel länger als wir Menschen. Dinosaurier sind Reptilien, die schon vor Millionen von Jahren ausgestorben sind.

Andere Reptilien wie Eidechsen, Schlangen, Schildkröten und Krokodile leben auch heute noch.

Schildkrötenbabys schlüpfen aus Eiern, wie fast alle jungen Reptilien.

Man teilt Reptilien in vier Gruppen ein: Schlangen und Echsen, Krokodile, Land- und Wasserschildkröten und Brückenechsen.

Diese Schlange, die Puffotter, lebt in ganz Afrika, außer in Wüsten und auf Berggipfeln.

Fast überall auf der Welt leben Reptilien – außer dort, wo es sehr kalt ist. Sie kommen auf dem Land und im Wasser vor. Manche bevorzugen heiße Wüsten oder Felsgebirge.

Schlangen, Echsen, Schildkröten und
Krokodile sehen ganz verschieden aus.
Trotzdem haben sie einige Merkmale
gemeinsam, die sie zu Reptilien machen.

Reptilien sind wechselwarme Tiere. Sie
wärmen sich in der Sonne auf und kühlen
sich im Schatten ab. Sie haben eine trockene,
schuppige Haut und Lungen, die Luft atmen.
Sie besitzen ein Skelett aus Knochen. Fast
alle schlüpfen aus Eiern.

Meeresechsen
leben an den
felsigen Küsten der
Galapagosinseln
und im Wasser.

Schuppen einer Schlange

Hast du schon mal eine Schlange oder Echse gestreichelt? Reptilien fühlen sich trocken und kühl an, nicht feucht wie Frösche.

Die Haut eines Reptils ist mit Schuppen bedeckt. Die Schuppen überlappen einander wie Ziegel auf einem Dach. Die Haut dazwischen ist dehnbar, sodass sich das Tier frei bewegen kann.

Bei den meisten Echsen löst sich die Haut in Fetzen. Wenn Schlangen sich häuten, streifen sie die Haut in einem Stück ab.

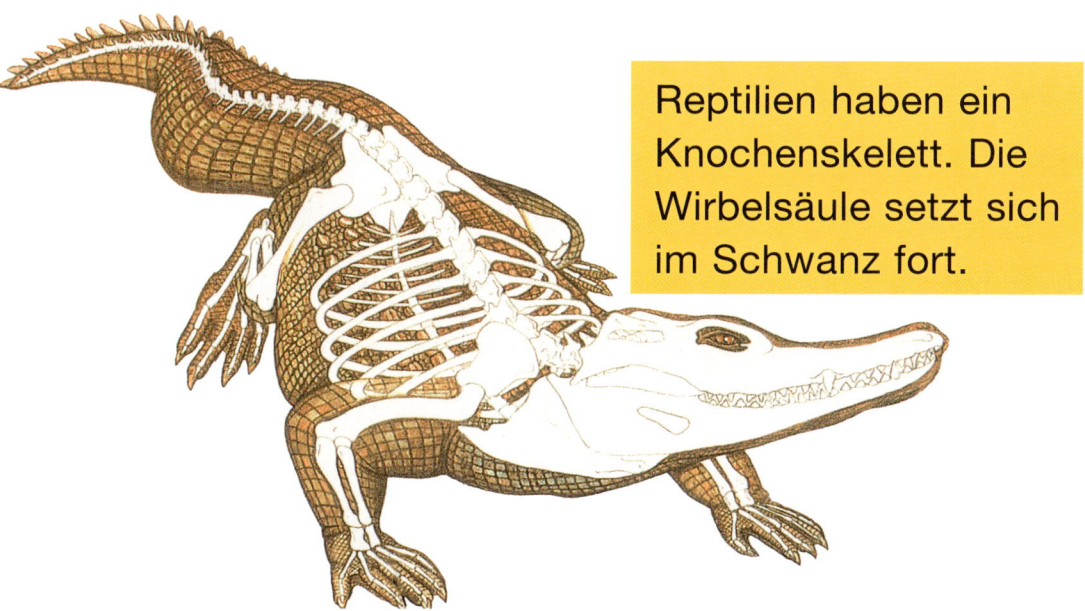

Reptilien haben ein Knochenskelett. Die Wirbelsäule setzt sich im Schwanz fort.

Heute leben auf der Welt rund 6800 verschiedene Arten von Reptilien. Die meisten davon sind Echsen oder Schlangen.

Ein ganz besonderes Reptil lebt auf Inseln bei Neuseeland: die Brückenechse. Sie ist die letzte Überlebende einer Reptilien- gruppe, die gleichzeitig mit den Dinosauriern die Erde bevölkerte.

Wie Reptilien leben

Reptilien sind wechselwarm, also immer so warm wie die Luft oder das Wasser um sie herum. Mithilfe der Sonne wärmen sie sich auf. Daher verbrauchen sie kaum Energie, um warm zu bleiben, und benötigen weniger Nahrung.

Viele Reptilien verbringen jeden Tag viel Zeit damit, von einem kühlen Ort an einen warmen zu wandern. So sorgen sie für die richtige Körpertemperatur.

Wie alle Reptilien wärmt sich dieser Halsbandleguan in der Sonne auf. Um sich abzukühlen, kriecht er in den Schatten.

Bei Sonnenaufgang kommt die Echse heraus und wärmt sich in der Sonne.

Mittags kühlt sie sich im Schatten ab.

Am Abend nutzt sie die letzten Sonnenstrahlen.

Nachts kehrt die Echse in ihren sicheren, warmen Unterschlupf zurück.

In kühleren Ländern schlafen Reptilien den ganzen Winter über. Erst im Frühling wachen sie wieder auf. Man nennt dies „Winterschlaf".

Schildkröten in kühleren Ländern müssen an einem warmen Ort überwintern.

In sehr heißen Ländern verkriechen sich manche Reptilien an einen kühlen Platz – sie halten Sommerschlaf.

Die meisten Reptilien sind Fleischfresser.
Schlangen und Krokodile jagen ihre Beute.
Die Komodowarane (Riesenechsen) fressen
vor allem tote Tiere.

Reptilien fressen oft noch lebende Beute und
verschlingen sie ganz. Ihre Zähne können die
Nahrung nicht gut zerkleinern.

Schildkröten fressen
Pflanzenteile. Sie sind
nicht schnell genug,
um Beute zu jagen!

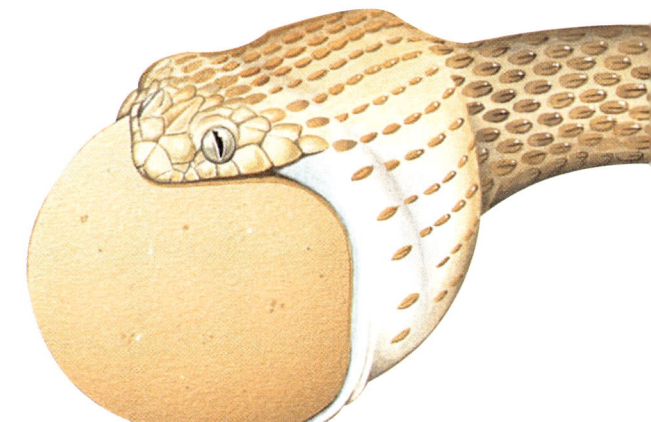

Schlangen können nicht kauen.
Deshalb verschlingen sie ihre
Beute ganz.

Das Chamäleon ist eine Echse.
Es frisst Insekten, die es mit seiner
langen, klebrigen Zunge fängt.

Frisch geschlüpfte Meeresschildkröten kriechen sofort
zum Meer.

Die meisten Reptilienbabys schlüpfen aus Eiern.
Ihre Mütter legen die Eier nach der Paarung in
Sand, Erde oder unter Felsen. Die Eier haben
eine feste, schützende Schale.

Landschildkröten, Krokodile und Alligatoren
legen Eier, die so harte Schalen wie Vogeleier
haben. Schlangen, Wasserschildkröten und die
meisten Echsen legen Eier mit weichen,
ledrigen Schalen.

Reptilienbabys sehen genauso aus wie ihre Eltern, nur viel kleiner. Die meisten Reptilien sorgen nicht mehr für die ausgeschlüpften Jungen. Die Babys bleiben sich selbst überlassen.

Nur wenige Reptilien schlüpfen nicht aus Eiern. Bei einigen Arten von Schlangen und Echsen wachsen die Jungen im Bauch der Mutter heran.

Krokodilmütter kümmern sich um ihre Babys. Hier trägt eine Krokodilmutter ihre Jungen im Maul zum Wasser.

Schlangen

Schlangen sind lange, beinlose Reptilien.
Wusstest du, dass es rund 2700 verschiedene
Schlangenarten gibt? Die größten sind
Riesenpythons. Sie werden bis zu 9 m lang.

Schlangen kommen auch ohne Beine gut
vorwärts. Sie legen ihren Körper in Windungen.
Mit den Windungen drücken sie sich
vom Boden ab.

Die Hornviper bewegt sich auf besondere Weise fort.
Sie wirft ihren Körper seitwärts hoch, um den heißen
Wüstensand zu meiden.

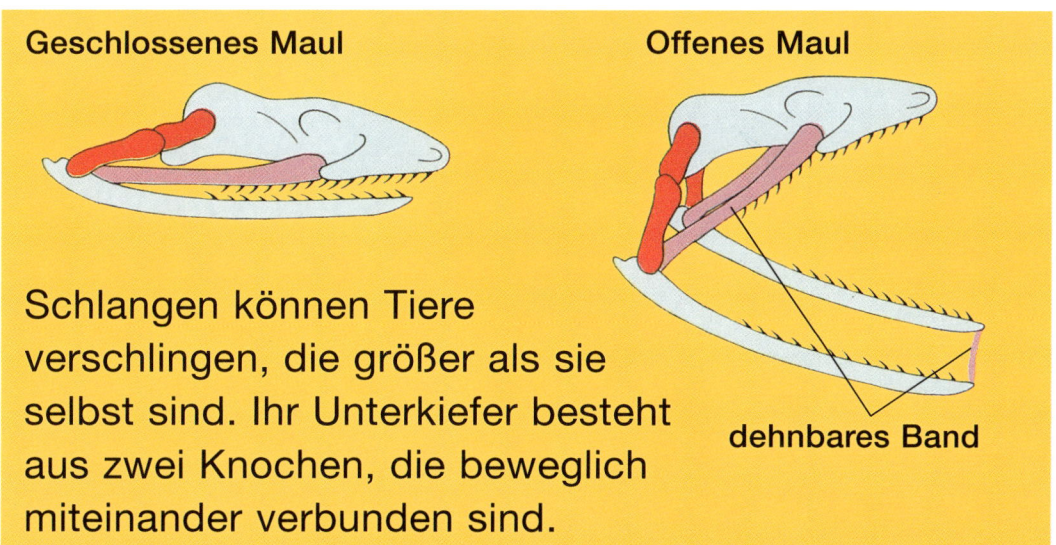

Geschlossenes Maul

Offenes Maul

Schlangen können Tiere verschlingen, die größer als sie selbst sind. Ihr Unterkiefer besteht aus zwei Knochen, die beweglich miteinander verbunden sind.

dehnbares Band

Schlangen können sehen, aber nicht hören. Sie nehmen jedoch Erschütterungen im Boden wahr. Manche Schlangen haben besondere Sinne. Grubenottern haben in den Wangen Vertiefungen, mit denen sie die Körperwärme anderer Tiere spüren. Daher können sie auch im Dunkeln jagen.

Schlangen lassen die Zunge vorschnellen, um Gerüche wahrzunehmen. Sie „schmecken" die Gerüche.

Pythons und Boas schlingen ihren Körper um ihr Opfer und drücken es tot.

Schlangen sind Fleischfresser. Sie jagen Vögel, Echsen und Säugetiere und stehlen auch Eier.

Giftzähne einer Viper

Schlangen töten ihre Beute auf verschiedene Weisen. Giftschlangen wie Kobras, Vipern und Klapperschlangen beißen ihre Opfer mit ihren langen, gebogenen Giftzähnen.

16

Die meisten Schlangenarten sind ungefährlich.
Von den 2700 Arten besitzen nur etwa 400 ein
Gift, das stark genug ist, um anderen Tieren
zu schaden.

Diese Schlange hat am
Schwanz eine Rassel.
Welche Schlange ist es?
(Lösung auf Seite 32)

hohle
Schwanzringe

Echsen

Echsen sind die größte Reptiliengruppe.
Es gibt über 3700 verschiedene Arten. Die
kleinste ist ein knapp 4 cm langer Gecko,
die größte ist der 3 m lange Komodowaran.

Echsen leben vor allem in warmen Ländern.
Die Menschen sehen sie gerne in ihren
Häusern, weil Echsen Fliegen und andere
Insekten fressen.

Geckos können Wände
hinaufklettern und
kopfüber an der Decke
entlanglaufen. Lamellen
an ihren Füßen wirken
wie Saugnäpfe.

Lamellen an
den Füßen

Gecko
von unten

Der Flugdrache hat zwei seitliche Hautlappen. Die wirken wie ein Fallschirm, wenn er sich von den Baumwipfeln fallen lässt.

Die meisten Echsen sehen wie diese Smaragd-eidechse aus: Sie haben einen großen Kopf, einen schlanken Körper und einen langen Schwanz. Es gibt aber auch beinlose Echsen, die wie Schlangen aussehen, z. B. die Blindschleiche.

Smaragd-eidechse

Es gibt nur zwei giftige Echsenarten: die Gilakrusten-echse und die Skorpionkrustenechse. Beide leben in Wüsten Nordamerikas.

Echsen schützen sich auf verschiedene Weise vor Gefahr.

Der Panzer-Gürtelschweif hat stachlige Schuppen.

Viele haben braune oder grüne Körper, die ähnlich wie ihre Umgebung gefärbt sind. Die Tarnung schützt sie.

Ein Chamäleon kann die Farbe seiner Haut sekundenschnell verändern. Es passt sich immer seiner Umgebung an.

Wenn ein Fressfeind in seine Nähe kommt, rollt er sich zu einer Kugel zusammen.

Dieser Nilwaran wird bis zu 2 m lang. Er gräbt, läuft und schwimmt gut und kann auch auf Bäume klettern.

20

Diese Eidechse wendet einen Trick an, um Feinden zu entkommen.
Was macht sie?
(Lösung auf Seite 32)

Andere Eidechsen verjagen Angreifer, indem sie anschwellen, zischen und mit dem Schwanz schlagen. Die australische Kragenechse richtet ihren breiten Kragen auf, um Fressfeinde abzuschrecken.

Auf welchem Untergrund versteckt sich dieser Gecko?
(Lösung auf Seite 32)

Ein Krokodil stürzt sich auf ein Gnu, das den Fluss überqueren will. Es wird das Gnu unter Wasser festhalten und ertränken.

Krokodile

Krokodile, Alligatoren, Kaimane und Gaviale gehören alle zur Familie der Krokodile. Erwachsene Krokodile sind gefürchtete Jäger. Sie haben keine natürlichen Feinde.

Kaiman

Alligator

Die meisten Krokodile haben eine kurze Schnauze. Gaviale dagegen haben lange, schmale Kiefer.

Gavial

Krokodile erbeuten Fische und Landtiere. Ihre wichtigsten Waffen sind die langen, starken Kiefer und die scharfen Zähne.

Der Name „Gavial"
kommt von einem Wort
für „Topf".
Kannst du dir denken,
warum?
(Lösung auf Seite 32)

Alligatoren ähneln Krokodilen. Ihr Kopf ist
jedoch breiter und die Zähne im Oberkiefer
sind auch bei geschlossenem Maul sichtbar.
Sie sind nicht ganz so gefährliche Jäger wie
Krokodile.

Alligatoren
schwimmen, indem sie
ihren starken Schwanz im
Wasser seitwärts bewegen.

Krokodile können 100 Jahre alt werden. Je
länger sie leben, um so länger wird ihr Körper.
Im Wasser sind sie schneller und
ausdauernder als an Land.

Schildkröten

Land- und Wasserschildkröten besitzen harte, schwere Panzer, die ihren Körper wie eine Rüstung schützen.

Bei Gefahr laufen sie nicht weg. Stattdessen ziehen sie Kopf und Beine unter den Panzer.

Panzer ——————

Ein Schildkrötenpanzer besteht aus ca. 60 miteinander verbundenen Knochenplatten. Sie sind mit einer horn- oder lederartigen Schicht überzogen.

Meeresschildkröten verbringen fast ihr ganzes Leben im Wasser. Die paddelförmigen Füße erleichtern ihnen das Schwimmen.

Zur Familie der Schildkröten gehören auch Sumpfschildkröten und Meeresschildkröten. Sumpfschildkröten leben im Süßwasser: in Flüssen und Teichen.

Die weiblichen Meeresschildkröten legen ihre Eier an Land in Sandkuhlen ab. Sie decken sie mit Sand zu. Die geschlüpften Babys graben sich aus und laufen zum Wasser, um nicht von Krebsen oder Vögeln gefressen zu werden.

Sumpfschildkröte

Landschildkröten leben an sehr unterschied-
lichen Orten, z. B. in Regenwäldern oder
Wüsten. Sie bewegen sich sehr langsam. Mache
jede zweite Sekunde einen kleinen Schritt: So
langsam kommen Schildkröten voran.

Schildkröten sind zu langsam, um Beute zu
jagen. Deshalb fressen sie vor allem Pflanzen.
Weil sie keine Zähne haben, zerreißen sie ihre
Nahrung mit ihren harten, hornigen Kiefern.
Schildkröten können sehr alt werden, weit über
100 Jahre.

Die Zunge der Schnappschildkröte sieht wie ein Wurm aus. Die Schildkröte benutzt sie als Köder für vorbei-schwimmende Fische. Wenn einer anbeißt, schnappt sie schnell zu.

Reptilien der Urzeit

Die ersten Reptilien erschienen vor ungefähr 350 Millionen Jahren auf der Erde. Sie entwickelten sich aus Tieren, die teilweise an Land und teilweise im Wasser gelebt hatten.

Alle anderen Tiere hatten ihre Eier im Wasser abgelegt. Die besondere Schale der Reptilieneier aber schützte sie vor dem Austrocknen. Deshalb konnte eine Reptilienmutter sie an Land ablegen.

Der Hylonomus war eines der frühesten Reptilien.

Verglichen mit einigen der riesigen Reptilien der Vergangenheit, sind heutige Reptilien klein. Dieser Diplodocus wog bis zu 50 Tonnen.

Diplodocus

Als sie nicht mehr aufs Wasser angewiesen waren, verbesserten die Reptilien ihre Atmung und Fortbewegung an Land. In den folgenden 200 Millionen Jahren waren sie die erfolgreichste Tiergruppe.

Doch vor ungefähr 65 Millionen Jahren starben die meisten Reptilien aus. Darunter waren auch die Dinosaurier. Ein riesiger Meteorit könnte die Ursache gewesen sein.

Nur vier Gruppen von Reptilien – Schlangen und Echsen, Schildkröten, Krokodile sowie Brückenechsen – leben heute noch.

Mehr über Reptilien

Bilderquiz
Weißt du, welche dieser Tiere Reptilien sind und welche nicht? (Lösung auf Seite 32)

Frosch   Schnecke   Meeresschildkröte   Echse

Schwierige Begriffe
Art: Ein besonderer Typ Tier oder Pflanze; das Nilkrokodil ist eine Krokodilart.
Beute: Tier, das von einem anderen gejagt und gefressen wird
Brückenechse: Seltenes Reptil, das nur in Neuseeland lebt und eine eigene Reptiliengruppe bildet
Giftzähne: Zähne von Schlangenarten, die Gift spritzen
Häutung: Wenn z. B. eine Schlange ihre alte Haut abstreift

Schlüpfen: Wenn ein Vogel- oder Reptilienbaby schlüpft, durchbricht es die Eischale.
Schuppen: Hornplatten, die den Körper eines Reptils bedecken
Tarnung: Wenn Fell- oder Hautfärbung ein Tier in natürlicher Umgebung fast unsichtbar macht
wechselwarm: Reptilien und andere Tiere, die ihre Körpertemperatur der Umgebung anpassen
Winterschlaf: Wenn ein Tier im Winter ständig oder die meiste Zeit schläft

Rekorde

Das größte Reptil

Leistenkrokodile sind die größten heute lebenden Reptilien. Die schwersten wiegen über eine Tonne. Je länger sie leben, desto größer werden sie.

Leistenkrokodil

Das schnellste Reptil

Schwarze Leguane sind die schnellsten Echsen der Welt. Sie erreichen bis zu 35 km/h.

Das Tierreich

Wissenschaftler teilen die Tiere in Gruppen ein, die zeigen, wie sie miteinander verwandt sind. Die Reptilien stehen den Lurchen am nächsten.

Wirbeltiere

Säugetiere	Vögel	Reptilien	Lurche	Fische

Wirbellose Tiere

Weichtiere

Schnecken	Muscheln	Tintenfische

Gliederfüßer

Spinnen	Insekten	Krebstiere

Niedere Tiere

Einzeller	Schwämme

Seesterne	Quallen

Würmer

Lösungen

Seite 17: Eine Klapperschlange.
Seite 21 (oben): Die Eidechse wirft ihren Schwanz ab, wenn ein anderes Tier ihn packt. Die Eidechse entkommt und der Schwanz wächst nach.
Seite 21 (unten): Der Gecko versteckt sich auf einer Baumrinde.

Seite 24: Männliche Gaviale haben am Ende der Schnauze eine Verdickung, die wie ein Topf aussieht.
Seite 30: Meeresschildkröte und Echse sind Reptilien. Der Frosch ist ein Lurch und die Schnecke ein Weichtier.

Bibliografische Information Der Deutschen Bibliothek

Die Deutsche Bibliothek verzeichnet diese Publikation in der
Deutschen Nationalbibliografie; detaillierte bibliografische Daten
sind im Internet über http://dnb.ddb.de abrufbar.

1. Auflage 2003

© 2000 Aladdin Books Ltd, London
Titel der Originalausgabe: „Reading About: Reptiles"
Die Originalausgabe ist bei Franklin Watts, London erschienen.

© 2003 für die deutsche Ausgabe arsEdition GmbH, München
Alle Rechte vorbehalten

Redaktion der Originalausgabe: Sarah Milan/Jim Pipe
Bildredaktion: Brooks Krikler Research
Design: Flick, Book Design and Graphics
Wissenschaftliche Beratung: David Burnie, Wendy Cobb

Aus dem Englischen von Cornelia Panzacchi
Redaktion der deutschen Ausgabe: Magda-Lia Bloos/Ulrike Hauswaldt
Textlektorat der deutschen Ausgabe: Henriette Wich
Lesedidaktische Beratung: Prof. Dr. Manfred Wespel
Umschlaggestaltung der deutschen Ausgabe: Eva Schindler
Produktion: Detlef Schuller

ISBN 3-7607-4763-9

www.arsedition.de